사라진 백만 원을 찾아라!
동전 탐정 기어이

1판 1쇄 인쇄 2024년 7월 11일 1판 1쇄 발행 2024년 7월 16일

글 쓴 이 김미희   그린이 이경석
펴 낸 곳 (주)중앙출판사
주   소 경기도 고양시 일산동구 고봉로 32-9 625호
펴 낸 이 이상호
책임편집 한라경   디자인 이든디자인
등   록 제406-2012-000034호(2011.7.12.)
전   화 031-816-5887 팩스 031-624-4085
홈페이지 www.bookscent.co.kr 이메일 master@bookscent.co.kr
I S B N 979-11-92925-18-9 73810

* 이 책은 저작권법에 의해 보호받는 저작물이므로 무단 전재와 복제를 금합니다.
* 이 책의 띄어쓰기와 맞춤법은 국립국어원의 기준에 따랐습니다.

*본 책은 저작권법에 의해 보호를 받는 저작물이므로 무단 전재와 복제를 금합니다.
*KC마크는 이 제품이 공통안전기준에 적합하였음을 의미합니다.

| 모델명 | 동전 탐정 기어이_사라진 백만 원을 찾아라! | 제조년월 | 2024. 7. 16. | 제조자명 | (주)중앙출판사 | 제조국명 | 대한민국 |
| 주소 | 경기도 고양시 일산동구 고봉로 32-9 625호 | 전화번호 | 031-816-5887 | 사용연령 | 7세 이상 | | |

책내음은 (주)중앙출판사의 유아·아동 브랜드입니다.

사라진 백만 원을 찾아라!

동전 탐정 기어이

김미희 글 | 이경석 그림

책내음

차례

작가의 말 … 6
등장인물 소개 … 8

백만 원이 사라졌다 … 10
동전 탐정이 나타났다! … 22
고달파 박사의 지갑을 파헤치다 … 32
발딱이는 금융 강아지 … 38
돌아온 고달파 박사의 기억 … 48
뜻밖의 방문객 … 68
7시가 되면 울리는 전화 … 80

동전 탐정이 팽그르르!
부자가 되고 싶다면 펼쳐 봐! … 95

 작가의 말

진짜 부자가 되는 방법!

제가 쓴 시 중에 〈이런 도둑 환영합니다〉라는 시가 있답니다.

속상함 두려움 짜증 무서움을
가방 가득 꼭꼭 담아서 가져가세요
보고도 못 본 척 눈감아 줄게요
신고하지도 않을게요

대신,
웃음 하나만 놓고 가세요

이 시를 어린이 친구들과 함께 읽은 뒤에 "도둑이 와서 무얼 가져가고 무얼 놓고 갔으면 좋겠나요?"라고 물으면 아주 많은 친구가 문제집이나, 동생, 오빠(형), 언니(누나), 쓰레기 등은 가져가고 게임기, 다이아몬드, 돈은 놓고 갔으면 좋겠다고 대답합니다. 우리의 바람은 바람일 뿐. 도둑이 돈을 거저 줄 리는 없지요. 돈이 생기길 바란다고 해서 돈이 짠! 하고 나타나지는 않아요. 무언가 해서 돈을 벌어야 하죠. 경제 원리를 알면 돈을 더 벌 수도 있어요.

　세상에 공짜로 이루는 일은 없다지요. 부자가 되길 꿈꾼다면 먼저 방법을 알고 노력해야 합니다.

　동전 탐정 '기어이'가 여러분을 부자의 길로 안내해 줄 거예요. 부디 지혜롭고 현명한 부자가 되길 바랄게요. 나 혼자 잘 먹고 잘살기만 바라는 어리석은 부자가 아닌 두루 존경받는 부자가 되길 바랍니다.

　기어이 탐정이 열심히 굴러 굴러서 여러분에게 가고 있어요. 반짝, 반갑게 맞아 주세요.

진짜 부자가 되고 싶은 작가 김미희

 등장인물 소개

동전 탐정 '기어이'

고달파 박사의 사라진 백만 원을 찾기 위해 고달파 박사가 발명한 탐정. 동전처럼 둥근 탐정이다. 얼굴도 동글, 눈도 동글, 코도 동글, 몸도 동글. 동글동글해서 잘 구른다. 사건 해결이 가까워져 올수록 구르는 횟수가 증가한다. '기어이'라는 이름은 '기어이 범인을 잡겠다!', '기어이 경제를 알게 하겠다!'라는 뜻이다.

발딱이

사건 냄새와 돈 냄새를 기막히게 맡는다. 하지만 전염병 후유증으로 후각이 무뎌져서 사건 냄새를 맡는 데 어려움을 겪게 된다. 고달파 박사의 백만 원 찾는 일을 돕는다.

고달파 박사

뭐든지 척척 만드는 세계 제일의 발명가이다. 연구에 몰두하느라 나이보다 늙어 보인다. 연구 외에는 뭐든 툭하면 잊어버린다. 고달파 박사의 대표적인 발명품으로 한글로 모든 문제를 해결하는 '한글 탐정 기필코'와 가짜 뉴스가 세상에 발붙이지 못하도록 하는 '백신 탐정 기어코'가 있다.

백만 원이 사라졌다

"발딱아, 발딱아."

발딱이가 전화를 받자마자, 고달파 박사가 발딱이의 이름을 다급하게 불러 댔어요.

"왜요? 어디 불이라도 났나요?"

발딱이는 새벽에야 겨우 잠들었는데 고달파 박사 전화벨 소리에 깨고 말았어요. 단잠을 깨우는 인간은 딱 질색인데 말이에요.

"불보다 더한 일이야. 내 돈이 사라졌다고!"

"박사님, 너무한 거 아니에요? 저는 환자예요. 열흘 전에 로봇 전염병에 걸렸다고요. 설마 그것도 까먹은 건 아니죠? 아직은 푹 쉬어야 한다니까요."

발딱이는 전화기를 귀에 올려 두고 두 손을 다시 이불 속으로 넣으며 눈을 감은 채 대답했어요.

"엄살은? 꾀병 부리지 말고 어서 연구소로 와. 내 돈 좀 찾아 달라니까!"

고달파 박사는 돈을 잃어버려서 제정신이 아닌가 봐요.

"잘 찾아보세요. 어디 뒀는지 또 깜박했겠지요."

"발딱이 너 정말 이럴 거야? 분명 다 나은 거 같은데 그러네. 어젯밤에 도둑이 들었다니까. 내 연구실 서랍에 있던 돈이 사라졌단 말이다. 백만 원이! 어서 와서 내 돈 좀 찾아 달라고! 네 코가 필요해. 잃어버린 백만 원은 내 전 재산이란 말이다."

고달파 박사는 발딱이가 오면 바로 해결될 거라 믿었어요. 냄새라면, 특히 돈 냄새라면 못 맡을 발딱이가 아니니까요.

"경찰을 부르세요. 저 좀 괴롭히지 마시고요."

"경찰은 조사한다고 며칠을 보내고 말 거야! 나는 오늘 당장 백만 원이 필요하다니까! 제발, 발딱아! 달려와서 찾아 다오."

고달파 박사가 애걸복걸했어요.

"에이, 알았어요. 갈게요."

발딱이가 이불을 걷어차며 혼잣말을 했어요.

"참말로 이 개코 발딱이 님의 인기는 사그라들 줄 모른다니까. 어쩔 수 없지."

발딱이는 로봇 전염병에 걸린 이튿날, 숨도 못 쉴 만큼 열에 시달렸어요. 그렇게 좋아하던 간식 하나도 넘길 수 없었어요. 사흘째에는 입맛이 싹 도망가서 아무것도 먹을 수 없었어요. 그러더니 열흘째에는 언제 그랬냐는 듯 모든 증상이 사라졌어요. 사실 고달파 박사에게 아프다고 했던 건 거짓말이었죠.

그런데 열흘 만에 처음 집에서 나온 발딱이는 세상이 이상해진 것을 알았어요.

'큼큼. 왜 아무 냄새가 안 나지? 설마 내 코가 사라진 건가?'

발딱이는 혹시나 코가 사라진 건가 하고 코를 만져 보았어요. 다행히 코는 제자리에 있었어요.

하지만 연구소로 오는 내내 어떠한 냄새도 맡지 못했어요.

'킁킁. 냄새들도 전염병이 무서워서 도망가 버렸나?'

코를 벌름벌름. 먼지가 코에 들어갈 듯 가까이서도 맡아 보고 냄새를 싣고 올 바람 방향을 가늠하며 코를 치켜올려 보아도 역시 냄새들은 코빼기도 안 보였어요.

'로봇 강아지까지 전염시키는 무서운 전염병이니 오죽하겠어? 냄새들도 진즉에 도망을 간 거지.'

발딱이는 그렇게 악독한 전염병을 이긴 강아지임을 자랑스러워하며 연구소 안으로 들어갔어요.

'쯧쯧, 그렇게 도둑을 맞고도 문을 안 잠그다니. 박사님 건망증은 진짜 못 말린다니까. 문 잠그는 게 뭐가 어렵다고.'

연구소 문은 툭하면 열려 있어요. 고달파 박사 들으라는 듯 발딱이는 "쾅!" 소리가 나게 문을 닫았어요.

"어서 뛰어오면 안 되겠냐? 얼굴 보니 다 나은 거 맞네. 빨리 들어 와! 빨리!"

고달파 박사가 발딱이를 자기 방으로 이끌었어요.

고달파 박사의 책상 서랍 세 개가 계단처럼 열려 있었어요.

"봐 봐. 발딱아, 내가 여기 백만 원이 든 봉투를 넣어 두었단 말이다. 오늘 아침에 댄싱 로봇을 노인정에 보내려고 열심히 포장한 뒤에, 같이 보낼 간식을 사려고 서랍을 열었는데 글쎄, 봉투가 없어졌지 뭐냐? 얼른 냄새를 맡아 보거라. 네 코는 백만 불짜리 코가 아니더냐. 내가 그렇게 만들었으니까 말이다."

고달파 박사는 발딱이가 다 해결해 줄 거라 믿는 눈치예요.

"쳇, 결국 제 개코 실력은 박사님 덕분이라는 거군요. 그럼 얼른 다른 개코를 만들면 될 일이지. 왜 나를 부르셨대요?"

발딱이는 빈정이 상해 금방이라도 연구실을 나갈 태세예요.

"아니 그게 아니고. 내가 말실수했구나. 우리 발딱이 삐졌냐? 아프고 나더니 성격이 좀 안 좋아졌구나. 그러지 말고 얼른 냄새를 맡아 보렴."

고달파 박사가 발딱이 머리를 살살 간지럽혔어요.

"나도 냄새를 맡고 싶지만요. 냄새들이 다 도망가 버렸다니까요."

발딱이가 고달파 박사 손을 치우며 말했어요.

"아니, 냄새들이 도망가 버리다니, 그게 무슨 말이냐?"

고달파 박사는 안경을 고쳐 썼어요.

"나도 전염병에 걸렸는데 냄새들이라고 병에 걸리지 말란 법 있나요? 지들도 전염병이 무서워서 도망간 거죠."

발딱이가 답답하다는 듯 말했어요.

"뭐? 냄새가 무슨 사람이야? 아니면 유령이라도 된다는 거냐? 도망가긴 어딜 도망가? 네가 지금 며칠째 안 씻었는지 아까부터 네 냄새로 내 코가 멀미할 지경이구나."

고달파 박사가 코를 싸쥐며 말했어요.

"냄새는 무슨 냄새가 난다고 그래요?"

발딱이가 네 발을 코에 대고 큼큼거렸어요.

"박사님이 거짓말하고 그러면 안 되죠. 큼큼."

"보오오옹."

고달파 박사는 발딱이 코에 엉덩이를 바싹 대고 방귀를 뀌었어요.

"어떠냐? 발딱아. 내 고구마 방귀 냄새 데려왔는데."

고구마를 좋아하는 박사님의 고구마 방귀는 핵폭탄급인 걸 발딱이는 너무나 잘 알고 있지요. 이상하게 오늘은 아무 냄새도 나지 않았어요. 뭔가 단단히 잘못된 게 분명해요.

"어엉엉."

큼큼거리던 발딱이가 갑자기 주저앉아 발버둥 치며 울부짖었어요.

"어떡해요? 냄새를 못 맡게 됐어요. 내 명석한 코가 쓸모없게 됐다고요."

옆에서 고달파 박사도 주저앉았어요.

"어어엉, 네 코가 망가졌으면 내 돈 백만 원 어떻게 찾냐고! 내 백만 원!"

동전 탐정이 나타났다!

"걱정 마세요. 박사님은 세계 제일의 발명가시잖아요. 얼른 제 코를 고쳐 주세요."

발딱이는 정신을 차리고 고달파 박사를 일으켰어요. 고달파 박사가 있는데 괜히 걱정했지 뭐예요.

"네 코를 고치려면 벌름벌름 부품이 필요한데, 그건 로봇 만드는 부품 중 가장 비싼 부품이야. 난 그걸 살 돈이 없구나. 어르신들은 댄싱 로봇이 오기만을 기다리는데 이를 어쩌면 좋냐."

고달파 박사는 이마를 잔뜩 찌푸렸어요.

"어르신들이 춤을 춘다고요?"

"그럼. 어르신들을 위한 탭댄스 선생을 얼마 전에 발명했어. 이 로봇만 있으면 누구나 춤을 출 수 있지. 어르신들에게 댄싱 로봇이랑 간식을 보내 드려야 하는데, 지금은 택배 보낼 돈도 없다고. 발딱이 너도 알지? 팔팔 노인정에 우리 엄마도 가시는 거."

고달파 박사는 발딱이 손을 잡고 벌떡 일어났어요.

"알지요. 박사님처럼 까먹을까 봐요? 박사님이 만든 선생님 로봇 덕분에 120세가 되어도 여전히 컴퓨터 게임도 하시고, 너튜브 촬영도 하시잖아요."

발딱이가 고달파 박사 엉덩이에 묻은 먼지를 털며 말했어요.

"네 말이 맞아. 우리 엄마가 문 앞에서 목 빠지게 기다릴 거란 말이다. 아, 내가 이러고 있을 게 아니지. 내가 누군가? 천하의 발명왕 고달파잖아."

고달파 박사는 뭔가 생각난 듯 바삐 걸음을 옮겼어요.

"잠시만 기다려라. 발딱아."

고달파 박사는 연구실 문으로 들어가 문을 닫아 버렸어요.

"박사님만 믿을게요."

발딱이는 방해가 될까 봐 발명 연구실 앞 의자에 앉아 기다렸어요. 고달파 박사라면 벌름벌름 부품이 없어도 발딱이의 코를 고칠 수 있을지 몰라요.

얼마나 지났을까요?

밤잠을 설친 발딱이가 복도 의자에 앉아 깜박 잠이 들었다가 연구실 문이 열리는 소리에 깼어요.

"우와~!"

누군가 사뿐사뿐 걸어 나오자, 복도 전체가 환해졌어요. 발딱이 입은 다물어지지 않았어요. 꿈속인가 싶어 귀를 긁었어요.

"다, 다, 당신은 누구…?"

발딱이는 실눈을 뜨고 걸어 나온 무언가를 바라봤어요.

"쯧쯧, 코를 잃더니 눈이 밝아졌구나. 이 로봇은 동전 탐정이다. 사라진 내 돈 백만 원을 찾아낼 탐정이지."

동전 탐정의 뒤를 이어 나타난 고달파 박사가 동전 탐정을 소개했어요.

"아, 어쩐지, 내 눈이 보배군요. 한눈에 봐도 딱, 동전 탐정님은 백만 원을 금세 찾아낼 거예요. 그 백만 원으로 제 코를 고칠 부품도 살 수 있을 거고요."

발딱이는 코 대신 눈을 깜박이며 말했어요.

"네가 발딱이구나. 한글 탐정 기필코와 백신 탐정 기어코의 조수였다지? 나는 동전 탐정 '기어이'야. 잘 찢어지는 지폐하고는 차원이 다른 탐정이지. 돈이라면 기어이 찾아내고 만단다. 이제부터 돈에 관한 건 나에게 맡기면 돼. 만나서 반가워."

동전 탐정은 발딱이가 내민 앞발을 살짝 스치며 말했어요.

"네네. 기어이 탐정님. 혹시 이동하실 때 불편하시면 제 주머니에 쏙 들어와도 좋습니다요. 제가 어디든 모셔다드릴게요."

발딱이가 주머니를 톡톡 치며 말했어요.

"그럴 필요 없어. 난 구르기 선수거든. 너보다 훨씬 빨리 갈 수 있지."

동전 탐정이 창문 앞에 서자 햇살을 받아 더욱 반짝였어요.

'그래, 도도할 만해.'

발딱이는 동전 탐정을 보고 첫눈에 반하고 말았어요.

"이렇게 한가하게 노닥거릴 때가 아니라고! 얼른 내 돈 백만 원을 찾아야 해!"

고달파 박사는 시계를 보며 재촉했어요. 벌써 점심시간이 가까워지고 있어요.

"그간 박사님의 지출 내역을 보여 주실래요?"

동전 탐정의 첫마디만 듣고도 발딱이는 감탄했어요.

"지출 내역? 그게 뭐지? 저, 기어이 탐정이 잘 모르나 본데, 나는 말이야. 정말 바빠. 아무거나 뭐든지 발명하느라 그런 거 정리할 여유가 없어요."

고달파 박사가 정색하며 대답했어요.

"카드를 쓴 영수증이나 현금을 쓰고 정리해 놓은 가계부 같은 거 없나요?"

동전 탐정은 고달파 박사에 대한 존경심이 살짝 줄었어요.

"카드를 쓰긴 했는데… 카드 쓸 때마다 뭔가 문자가 온 거는 같은데. 다 지워 버려서…."

고달파 박사가 머리를 긁으며 말했어요.

"박사님은 발명에는 천재적인데 경제인으로서는 꽝이네요. 휴대폰에 은행 앱을 받아 보세요. 거기 남아 있을 거예요."

동전 탐정이 답답한지 물구나무를 서며 말했어요.

고달파 박사가 금융 거래 앱을 내려받는 동안 동전 탐정은 발딱이에게 물었어요.

"발딱이는 어때?"

동전 탐정은 발딱이가 조수로서 적합한지 슬쩍 떠보려고 물었어요.

"두말하면 입만 아프죠! 이 발딱이에게 과소비란 없습니다. 보세요."

발딱이가 휴대폰 화면을 보여 줬어요. 어디에 어떻게 얼마나 썼는지 한눈에 알아볼 수 있었어요.

현금을 쓴 것도 가계부에 정확히 적어 두었죠.

"너무 비교되네요. 박사님, 발딱이에게 한 수 배우셔야겠는걸요."

동전 탐정이 발딱이를 향해 엄지 손가락을 들어 보였어요.

동전 탐정의 칭찬에 발딱이는 잃은 코가 되살아난 것처럼 신났어요.

"이제 로그인하셨어요?"

여러 절차를 거쳐 드디어 고달파 박사의 금융 거래 내역이 드러났어요.

동전 탐정은 휘리릭 위에서 아래로 스캔하듯 훑었어요.

"흠, 들어온 돈에서 나간 돈을 빼니까 백만 원이 남네요.

그리고 백만 원은 한꺼번에 출금한 걸로 나오는데… 현금으로 쓴 건가요?"

동전 탐정이 말했어요.

"그래, 은행에서 빼서 여기 이 서랍에 넣어 뒀다니까 말귀를 못 알아듣는군."

고달파 박사가 괜히 앱을 다운로드하면서 시간을 허비했다고 구시렁댔어요.

"박사님, 동전 탐정보다는 동전 경찰을 발명해야 하는 게 아니었을까요? 아니, 제 코만 멀쩡했어도 바로 찾아내는 건데…."

발딱이가 박사님을 탓했어요.

"뭐라고? 그럼 나는 쓸모없다는 거니?"

동전 탐정 얼굴이 붉어졌어요.

고달파 박사의 지갑을 파헤치다

고달파 박사는 동전 탐정과 발딱이가 벌이는 실랑이는 안중에도 없나 봐요.

"발딱이, 너 월급 얼마나 받지? 돈이 어디서 났어? 혹시 내 백만 원도 네 통장 안에 들어 있는 거 아냐?"

고달파 박사가 발딱이를 의심했어요.

"뭐라고요? 박사님, 이렇게 우리의 믿음을 깨도 되는 거예요?"

발딱이가 발끈했어요.

"제 휴대폰 화면에 제가 거래하는 은행 네 개, 증권사도 두

개가 다 있어요. 다 찾아보세요. 보시라고요!"

발딱이 휴대폰에는 은행과 증권사 애플리케이션이 화면을 채우고 있었어요.

"그렇게까지 화를 낼 필요는 없지 않나. 그저 거래 내역을 보여 주면 될 일인데. 비밀번호가 뭐지? 어디 보자. 지문 인식!"

동전 탐정은 발딱이의 동의도 없이 발딱이의 발바닥에 전화기를 갖다 댔어요.

"억울한 건 밝혀야 하잖아."

발딱이의 은행 계좌가 열렸어요.

"지난 10일간 입출금 거래는 0건이군요. 발딱이는 결백합니다. 박사님이 사과하셔야겠네요."

동전 탐정은 전화기에서 눈을 떼지 않고 판결문을 내리듯 말했어요.

"박사님, 그렇게 안 봤는데 정말 치사하군요. 박사님이 은행이라면 파산이에요. 고객으로부터 신뢰를 잃었으니까요. 이제 나는 박사님이 부르면 달려오고 심부름하라면 하는 똥강아지 안 할 거예요. 아시겠어요?"

발딱이는 억울해 미치겠다며 팔딱거렸어요.

"미, 미안하다. 발딱아, 내 마음은 그게 아닌 거 너도 알잖니. 내가 믿을 강아지는 너밖에 없고말고. 그만 화 풀어라. 발딱아. 응? 자, 이거 너 주마. 그러니 화 풀어."

고달파 박사는 서랍에 숨겨 둔 치즈스틱을 꺼내 왔어요.

"다음부터는 조심하세요. 내가 뭐 이깟 간식에 넘어간 건 절대 아니에요."

입맛이 없던 발딱이는 치즈스틱을 보자 저도 모르게 침이 흘렀어요.

"오호, 발딱이는 금융 강아지로 인정해야겠는걸. 적금과 보험은 기본, 주식도 7개에 펀드가 3개. 맙소사. 부동산까지?"

발딱이를 바라보는 동전 탐정의 눈빛이 반짝였어요.

"흥흥흥흥. 오물오물, 찹찹."

발딱이는 간식에다 칭찬까지 얻어먹으니 웃음을 참을 수 없었어요.

"그러니까. 이게 다 뭐냐고? 내 통장은 이렇게 텅텅 비었는데 너는 왜 그렇게 동그라미가 많냐고?"

고달파 박사는 완전히 의심을 거둔 건 아닌가 봐요.

"박사님! 정말 이러기예요?"

발딱이가 빽, 고함을 질렀어요.

"아이구, 깜짝이야!"

고달파 박사가 뒤로 자빠질 뻔했어요.

"그러니까 내 말은 어떻게 이렇게 많이 모았느냐는 거야. 부럽다는 말이지."

고달파 박사는 동그라미가 아주 많은 발딱이 통장이 부러웠어요.

그때 어디선가 맛있는 돈가스 냄새가 났어요. 연구실 직원들이 점심을 시켰나 봐요.

"잠깐! 아까 보니까 연구소 문이 열려 있었어요. 그렇다면 연구소를 드나드는 배달원들이 박사님 돈을 훔쳐 간 게 아닐까요?"

발딱이가 갑자기 행동을 멈추며 말했어요.

고달파 박사도 눈을 반짝였어요.

"그건 박사님이 연구소 서랍 안에 현금을 놔둔 게 확실할 때

얘기가 아닐까? 발딱이 너는 고달파 박사님의 기억력을 믿을 수 있니? 정말 서랍에 둔 게 맞을까?"

동전 탐정이 고개를 까닥거리며 말했어요. 동전 탐정은 여전히 고달파 박사를 못 믿겠나 봐요.

발딱이는 금융 강아지

"동전 탐정, 발딱이 말이 맞아. 며칠 전부터 연구소 문이 계속 열려 있었네. 언제든 도둑이 자유롭게 드나들 수 있다는 말이지."

고달파 박사가 몇 가닥 남지 않은 머리칼을 쓸어 넘기며 말했어요. 발딱이 쪽은 쳐다보지도 않았어요.

"꼭 도둑이 현장에 직접 올 필요는 없지요. 아까 드론 배달 보셨지 않습니까? 드론 조종으로도 서랍에서 봉투를 빼 가는 건 어렵지 않아요."

동전 탐정은 고달파 박사가 뭐든지 발명하는 과학자가 맞나

의심스러웠어요. 추리가 형편없으니까요.

"모든 돈을 현금으로 가지고 있던 박사님도 문제예요. 현금은 녹아내리는 얼음산이라고요. 10년 전에는 개껌 한 통이 400원이었는데 이제는 1,500원이나 된단 말이에요. 10년이 더 흘러 봐요. 백만 원으로 살 수 있는 개껌은 코딱지만큼일지도 몰라요. 이 돈을 만약 은행에라도 넣었으면 이자를 받겠죠. 설마 이자가 뭔지 모르는 건 아니죠?"

발딱이의 기습 공격에 고달파 박사는 어처구니없다는 표정이었어요.

"박사님이 설마 그걸 모르겠니?"

동전 탐정이 고달파 편을 들었어요.

"흠, 이자란 우리가 은행에 돈을 맡기면 맡긴 금액에 비례해서 일정한 금액만큼 더 얹어서 지급해 주는 돈을 말해요. 적금은 매달 또는 일정 기간마다 정기적으로 돈을 저금하는 방식이고요. 용돈이 생기면 나는 10만 원씩 꼬박꼬박 적금 통장에 넣었어요. 그렇게 불어난 돈을 찾아 한꺼번에 맡길 수도 있죠. 그럼 이자가 더 많아지고요."

발딱이는 꼬리를 흔들며 다다다 연설을 했어요.

"아니, 박사님, 발딱이를 놔두고 나는 왜 발명하신 건가요? 그야말로 비용이 아깝네요. 아니, 아니. 그게 아니고요. 나는 꼭 태어나고 싶었어요, 감사하고말고요. 이렇게 똑똑한 발딱이를 만나서 영광입니다. 영광."

동전 탐정은 얼굴을 발그레 물들이며 발딱이를 자랑스럽게 쳐다보았어요.

"박사님, 발딱이 말이 맞아요. 현금은 차곡차곡 은행에 적금으로 넣어 두면 목돈으로 만들 수 있어요. 투자를 하고 싶다면 유망한 회사 주식을 사서 모아도 좋고요. 회사는 주식을 팔아 회사를 운영하는 데 필요한 돈을 투자받잖아요. 주식을 사는 건 내가 그 회사를 함께 경영하는 것과 같아요. 회사가 잘되면 내가 투자한 주식도 올라가서 투자한 사람들도 돈을 벌게 되는 거랍니다. 발딱이는 투자할 회사를 잘 알아본 뒤에 주식을 샀네요. 주식 수입이 꾸준히 올랐어요!"

동전 탐정의 말이 이어지는 동안 발딱이 얼굴에는 미소가 떠나지 않았어요.

"큼큼."

고달파 박사는 듣기 싫다는 듯 헛기침을 했어요.

"이제부터라도 월급을 받으면 저금을 시작해 보세요. 제가 돈을 어떻게 벌고, 모았는지 아시나요? 기어코 탐정과 기필코 탐정에게 월급을 받았어요. 거기에 1번 방 연구원의 쓰레기통을 비워 주고 매달 오천 원씩 받았고, 2번 방 연구원의 흰머리를 뽑아 주고 매달 만 원씩 벌었죠. 고달파 박사님만 제게 무료로 심부름을 시켰다는 것만 알아 두세요. 저는 의리 강아지잖아요. 박사님이 얼마나 고생하시며 연구하는지 아니까요."

발딱이는 의리에 힘을 주었어요.

"흠흠, 그래. 고맙다."

고달파 박사가 웬일인지 고맙다는 말을 했어요. 앞으로도 돈을 안 주고 일을 시키려는 작전인 걸까요?

"앞으로는 공짜로 일 안 해 줄 거니까 그렇게 아세요!"

발딱이가 단호한 목소리로 말했어요.

"에이, 미안해. 근데 그렇게 받은 돈은 다 어떻게 했는데?"

고달파 박사도 이제 발딱이가 돈을 모은 비결이 궁금한가 봐요.

"이렇게 모은 돈의 20%는 꼬박꼬박 저축했어요. 10%는 주식을 사 모았고요. 그렇게 열심히 돈을 모았다고요! 세상에 공짜는 없어요!"

이번엔 발딱이가 공짜라는 말에 힘을 주어 말했어요.

"가만가만 발딱아, 우리 박사님이 설마 아무것도 안 하셨을까? 대한민국 최고의 발명가이신데. 게다가 건망증도 세계 최

고니까 아무도 모르게 다른 데 투자하고 깜박했을 수 있지 않을까. 누가 알아? 빌딩을 샀을 수도 있고. 아니면 가상화폐 같은 데 투자한 건 아닐까?"

동전 탐정은 다시 한번 확인차 물었어요.

"그렇게 부자라면 백만 원 갖고 이렇게 난리를 치겠어요?"

발딱이는 그럴 리가 없다고 했지만, 동전 탐정의 생각은 달랐어요.

"세금 납부 증명서는 없나요?"

동전 탐정은 세계 최고의 발명가가 가난하다는 게 도저히 믿기지 않는 눈치예요.

"기다려 봐. 찾아볼게."

고달파 박사는 서랍이란 서랍은 다 열어젖히고 하나밖에 없는 손가방도 거꾸로 뒤집어서 탈탈 털었어요.

고지서는 연구실과 아파트 관리비 고지서가 다였어요.

"문자나 메일로 받을 수도 있잖아요. 분명 어딘가에 투자하고 있을 거예요. 자, 비밀번호를 누르세요."

동전 탐정은 이메일에도 접속해서 도둑을 잡을 단서를 찾아 나섰어요.

"아이고 어지러워. 서랍도 엉망, 문자도 가득, 이메일도 잔뜩, 스팸까지도 모으시나 봐요? 도대체 정리가 안 되네요. 정리해 줄 조수를 발명하든지 해야지. 내가 다 답답하다니까. 요즘 프로그램 깔면 다 정리해 주는데. 고달파 박사님은 정말 한심합니다요."

발딱이가 언제부터 이렇게 똑똑했을까요? 고달파 박사가 처음 발명했을 때부터 그랬다는 걸 고달파 박사만 모르는 걸까요?

돌아온 고달파 박사의 기억

발딱이는 고달파 박사의 휴대폰에 은행 앱들을 깔고, 가계부 앱도 설치했어요.

"깔면 뭐 하겠니? 박사님이 가계부를 쓸까?"

동전 탐정은 기어이, 고달파 박사의 허술한 면을 정확히 찔렀어요.

"이번 기회에 큰 깨달음을 얻고, 돈을 잘 관리하지 않을까요? 아! 우선 돈부터 찾아야겠군요!"

발딱이는 휴대폰을 기어이 탐정 앞으로 넘겼어요.

"좋아요! 이제부터 파헤쳐 보자고요."

동전 탐정은 몇 바퀴 빙그르르 돌았어요.

고달파 박사는 눈이 어질어질했어요.

"아니, 박사님. 이건 뭐죠? 박사님이 설마?"

동전 탐정이 믿을 수 없다는 표정을 지었어요.

"뭐가요? 뭐가?"

발딱이가 전화기 화면을 보려고 머리를 들이밀었어요.

"맙소사! 이를 어째?"

발딱이가 고달파 박사를 불쌍하다는 듯 보았어요.

"왜? 뭔데? 내가 뭘?"

고달파 박사는 둘이 왜 그러는지 영문을 몰랐어요.

"그럼 그렇지. 세계적인 발명가인 박사님 통장이 그렇게 텅텅 빌 리가 없지!"

발딱이는 이제야 모든 걸 알겠다는 듯이 고개를 끄덕였어요.

"왜? 뭐야? 혹시 내 통장에 돈이 가득 들었어?"

고달파 박사는 발딱이 머리를 밀어내며 눈을 반짝였어요.

"그럴 리가요!"

동전 탐정은 고달파 박사님 전화기를 스크린과 연결했어요.

"자, 보시죠. 곧 범인이 밝혀질 것 같단 말이지요."

기어이 탐정은 고달파 박사의 전화기에서 은행과 증권 거래 계좌를 발견했습니다.

사용한 지 1년이 넘고, 업데이트를 하지 않아 몰랐던 거예요.

"얼마나 있어? 혹시 내가 억만장자야?"

고달파 박사는 그 돈이 있으면 노인정에 간식을 날마다 배달할 수 있다며 입을 벙긋했어요.

"쯧쯧쯧, 그럴 리가요. 꿈도 크시군요. 박사님!"

발딱이가 혀를 찼습니다.

"그럼 뭐야? 빨리 설명해 봐. 기어이!"

고달파 박사는 어이없어하는 발딱이를 못 본 체하며 동전 탐정을 재촉했어요.

"박사님은 파산 직전입니다. 보십시오."

스크린에는 고달파 박사가 주식과 펀드, 심지어 가상화폐까지 투자한 금액이 쫙악 떴어요.

"보시죠. 이 회사들에 투자한 주식으로 1,800만 원을 버셨네요. 그러나 몇 달 뒤 주식 시장이 폭락하면서 300만 원이 되었

네요. 손해 본 상태로 다 팔아 버렸고요."

"아니, 박사님이 투자를 했었다는 겁니까? 감쪽같이 몰랐네요."

"그래? 나도 몰랐네."

"어련하시겠어요, 우리 박사님의 건망증은 세계 최강이니까요. 이렇게 하락했는데 왜 파셨어요? 갑자기 전쟁이 터지거나 전염병이 돌아서 세계적으로 뒤숭숭하면 사람들은 투자를 꺼리게 돼요. 그러니 좋은 회사인데도 불구하고 주식 가격이 내려갈 수밖에 없어요. 그럴 때는 투자한 회사의 경제 상황을 알아보고 무너질 기업이 아니라면 상황이 나아질 때까지 기다리는 것도 방법이 될 수 있어요. 기다리다 보면 미래에 꼭 필요해지는 제품이나 서비스를 담당하는 회사는 돈을 많이 벌게 되고 주식도 올라가요."

발딱이는 한심하다 못해 답답하다고 가슴을 쳤어요.

"누가 말했는지 생각나진 않지만, 누군가 빨리 팔라고 해서 판 것 같군. 넌 뭐 했냐? 나한테 안 가르쳐 주고?"

고달파 박사는 발딱이 탓으로 돌렸어요.

"내 탓이라고요? 박사님이 제게 물었어야 알죠."

발딱이는 적반하장이라며 대들었어요.

"가만, 펀드 수익률도 겨우 2%밖에 안 났는데 팔아 버렸어. 이건 또 뭐야? 가상화폐로 수억을 날렸군요. 투자로는 꽝이에요. 빵점. 손실이 막대하군요."

동전 탐정은 휘리릭 머릿속으로 암산을 해 보더니 심각한 수준이라고 말했어요.

"잃어버렸다는 백만 원은 어디서 난 수입이죠?"

동전 탐정이 따졌어요.

"그거야 지난달 월급에서 떼어 놓은 돈이지. 댄싱 로봇 출시에 맞춰 엄마랑 어르신들 간식 사려던 거라고."

고달파 박사는 그건 확실히 기억한다고 했어요.

"좋아요. 이런 투자는 어떻게 하게 됐죠?"

동전 탐정은 꼬치꼬치 캐물었어요.

"으음 그러게. 생각을 좀 해 보자. 어째서 내가 그런 투자를 했을까?"

고달파 박사는 기억을 끌어올리려 애를 썼어요.

동전 탐정과 발딱이는 말없이 기다려 주었어요.

"아! 이제 생각났다. 올라갈 것 같은 주식만 자동으로 사 주는 로봇을 만들었지. 그 로봇에게 맡겼더니 엉망이 되고 말았어. 경제 상황은 정해진 대로 가는 게 절대 아니더라고. 언제 전쟁이 터질지, 전염병이 전 세계를 휩쓸지 인공지능 로봇도 예측이 불가능하더라니까. 그래서 보다시피 이렇게 손해가 막심했지. 으으, 잊으려 했는데 아픈 기억이 막 떠오르는군. 피 같은 내 돈!"

고달파 박사가 괴로워했어요.

"인공지능은 입력한 데이터 안에서만 대처할 확률이 높으니까 그렇죠. 중요한 건 오르기만 하는 주식은 없다는 거예요. 만약 그렇다면 누구나 다 부자가 됐겠지요. 오르락내리락하는 건 당연합니다. 오늘 사고 당장 며칠 만에 팔면 사고파는 데 드는 비용만 나간다고요."

발딱이는 고달파 박사가 이렇게 투자한 줄은 정말 몰랐어요.

"맞습니다. 박사님. 그런데 이 가상화폐는 알고 투자하신 건가요?"

동전 탐정은 차분하게 고달파 박사의 실수가 무엇인지 짚어주었어요.

"가상화폐는 디지털 경제 시대에 꼭 필요하다고 생각했지. 화폐의 불편한 점을 보완했다고 생각했으니까 투자할 가치가 충분하다고 생각했네."

"으음."

동전 탐정은 깊이 생각에 잠기는 듯했어요.

"가상화폐는 말 그대로 실물이 없는 돈이에요. 인터넷에만 그 기록이 남죠. 또 은행이나 금융 기관이 관리하는 게 아니라 구매자와 판매가가 직접 결제하는 방식이에요. 은행이나 신용 카드 회사에 내는 거래 비용이 거의 발생하지 않아서 좋지요. 해외 송금이나 소액 결제와 같은 거래에 쓰이기도 편리하고요. 하지만 가격 변화가 너무 심해요. 폭등하거나 폭락하거나 차이가 커서 박사님처럼 하루아침에 빈털터리가 될 수 있어요. 최근에는 범죄에 많이 사용되기도 해요. 통장이 없어도 거래가 되니까 거래자의 신분이 드러나지 않는 점을 이용해서 마약,

무기 등의 불법 거래나 돈세탁, 탈세 등이 일어날 수도 있거든요. 새로운 가치를 지니지만 동시에 문제점과 한계가 많아요. 앞으로 문제점을 보완하며 진화할 가능성은 있지만요."

기어이 탐정이 가상화폐에 대해 정리해 줬어요.

"역시!"

고개를 끄덕이며 듣고 있던 발딱이가 손뼉을 쳤어요.

"나도 알고말고. 내가 투자한 게 아니라고! 내가 만든 로봇이 오류를 일으켜서 내 재산을 날린 거라고. 그래! 맞아. 이제 생각나는군. 기억났어. 투자 로봇 발명 자체가 실패작이지. 그래서 나는 하나도 기억하고 싶지 않았다고. 그 아픈 기억을 잊으려고 했는데 동전 탐정 때문에 되살아나고 말았군. 거래 내역 아래를 봐. 나는 월급을 받으면 발딱이처럼 일정 금액을 적금 넣고 좀 더 큰돈은 예금에도 넣었어. 앞으로 잘 커 갈 회사의 주식도 사고, 그런 산업에 투자하는 펀드도 샀었지. 투자 로봇을 만들려면 내가 알아야 하니까. 직접 해 봤지. 특히 이 말을 새겨들었거든. 투자의 명언인데 말이야. '달걀을 한 바구니에 담지 마라.' 이 말 말이야."

고달파 박사가 안경을 추켜올리며 말했어요. 동전 탐정이 빙그르르 돌았어요. 돈에 대한 명언을 들으면 노래라도 들은 것처럼 기분이 좋은가 봐요.

"바구니가 하나밖에 없으면 어떡해요?"

발딱이가 생각하는 강아지처럼 있다가 발딱 물었어요. 마음속으로는 고달파 박사의 백만 원에 관한 생각도 돌아오길 바랐어요.

"호호. 바구니는 이미 곳곳에 널렸어. 곳곳에 은행사, 증권사 상품들이 얼마나 많은데! 달걀을 한 바구니에 담으면 옮기기도 어렵고 실수로 놓치기라도 하면 달걀을 다 깨뜨려서 못 쓰게 되잖아. 언제 주가가 내릴지 모르니까 채권이나 부동산 등에도 나눠서 투자하라는 뜻이지. 그렇게 안 봤는데 너 헛똑똑이구나."

기어이 탐정은 호호 웃으며 발딱이를 놀렸어요.

"내가 설마 진짜 모른다고 생각하는 건 아니죠?"

발딱이는 헛똑똑이란 말을 취소하라고 으름장을 놓았어요.

"끝까지 취소 안 하시겠다 이거죠? 그렇다면 탐정님, 기어이

매운맛 좀 보시겠어요? 제가 문제 낼게요. 맞혀 보실래요?"

발딱이는 좀 어려운 문제를 내서 복수해 주고 싶었어요.

"갑자기? 퀴즈를?"

동전 탐정이 두 팔을 들어 보였어요.

"고달파 박사님 기억도 불현듯 돌아왔잖아요. 퀴즈도 번개처럼 생각났으니까요. 자, 준비됐죠?"

발딱이가 자세를 가다듬었어요.

"퀴즈라면 나도 좋아!"

고달파 박사도 끼어들었어요.

"옛날에 백성들이 굶주림에 시달리는 가난한 나라가 있었어요. 사람들은 배고프지 않게 만들어 줄 현명한 왕을 뽑기로 했어요. 후보로 나선 이들에게 벼 이삭 한 되를 주고 이를 가장 많이 불린 사람을 왕으로 뽑겠다고 했죠. 어떻게 하면 왕으로 뽑힐 수 있을까요?"

"겨우 이삭 한 되로? 이삭 한 되로 바로 농사를 지어서 백성이 모두 먹으려면 적어도 몇십 년은 걸릴 테고 그동안 다 굶어 죽겠지. 이거 어려운데! 조금만 시간을 줘. 생각해 볼게."

동전 탐정이 생각에 잠겼어요.

"아, 알겠다!"

고달파 박사가 먼저 손을 번쩍 들었어요.

"벼 이삭으로 백성이 먹을 만큼 불릴 방법을 찾으란 말이지. 이를테면."

"오호, 박사님, 투자 마인드를 되찾으신 건가요? 얼른 답해 보시지요."

발딱이가 기뻐하며 외쳤어요.

"정답!"

동전 탐정이 손을 번쩍 들며 가로챘어요.

"나라면 벼 이삭으로 참새를 잡겠어. 그리고 그 참새를 팔아 달걀을 사고, 달걀에서 병아리가 깨어 씨암탉이 되고 암탉이 달걀을 쑥쑥 낳게 하겠어."

동전 탐정은 해냈다는 표정이에요.

"왜 내 답을 가로채고 그래? 그 닭을 팔아 돼지를 살 거란 말이지. 돼지는 새끼도 낳게 하고 팔아서 소를 사고 소를 이용해 더 많은 농사를 짓겠지. 그러면 백성들은 굶주림에서 벗어나겠지. 어때, 맞지?"

고달파 박사도 이야기를 릴레이처럼 이어 결론을 지었어요.

"맞긴 맞는데요. 이런 경우 둘 중 누가 정답을 맞힌 걸까요?"

발딱이가 둘을 번갈아 보며 말했어요.

"나지?"

고달파 박사가 모든 이야기에는 결론이 중요하다며 자기가 맞혔다고 우겼어요.

"저도 다 알고 있었거든요. 제가 말하는데 가로챈 거 박사님이거든요!"

동전 탐정도 지지 않았어요.

"무승부로 하죠. 무승부!"

발딱이가 판결을 내렸어요. 고달파 박사와 동전 탐정은 등을 돌리고 씩씩거렸어요.

"우리 이럴 때가 아니잖아요. 범인 찾아야죠. 혹시 고달파 박사님, 백만 원 분명히 여기 둔 거 맞나요?"

책상 서랍을 가리키며 발딱이가 물었어요.

"글쎄, 여기 둔 것 맞다니까 그러네."

고달파 박사는 몇 번이나 묻느냐며 핀잔을 줬어요.

"자, 그럼 다시 처음으로 돌아가서 정리해 봅시다. 박사님은 현금 백만 원이 있고, 집은 나라에서 빌려주는 아파트에서 살고, 차는 소형차를 타니 이와 관련한 지출은 별로 크지 않네요. 다른 부동산이나 건물 등의 재산도 없으며 보험은 여기 보니까 5개 정도 가지고 있네요. 그동안 번 돈이 몇 억은 되었지만 알아서 척척 투자해 주는 로봇을 만들었는데 그게 하필 불량 로봇이었고 로봇이 추천해 준 가상화폐와 주식에 투자하는 바람에 빈털터리가 되었다. 맞나요?"

동전 탐정은 가계부 정리를 하듯 고달파 박사의 재정 상황을 정리했습니다.

"기껏 발명해 놨더니 상처 난 곳에 왕소금을 팍팍 뿌리는구먼. 그래. 맞다. 맞아. 내가 빈털터리 고달파다. 됐냐?"

고달파 박사는 울먹이다시피 말했어요.

"으음, 이 통장들과 컴퓨터와 전화기에 깔린 박사님의 계좌와 신용카드 사용 내역을 조회하면 박사님이 다른 곳에 보내거나 쓴 적이 없어요. 박사님의 백만 원이 사실이라면 현금으로 가지고 있었다는 건 맞는 것 같아요. 여기 책상 서랍에 봉투에 넣었고요?"

동전 탐정이 하는 메모가 스크린에 그대로 보였어요.

"그랬지. 분명 이곳에 넣어 두었다니까."

고달파 박사는 답답하다며 한숨을 쉬었어요.

"내가 전염병에만 안 걸렸어도 이 개코로 범인을 바로 밝혀냈을 텐데."

발딱이가 다시 한번 코를 큼큼대며 말했어요.

"혹시 다른 곳에 넣었을 수도 있으니 샅샅이 뒤져 봅시다."

동전 탐정이 연구실 곳곳을 훑어보며 말했어요.

"오늘 새벽부터 내가 먼지 한 톨까지 다 들어서 보았다니까. 청소 아주머니도 함께 찾아보았는데, 없었어. 연구실에는 절대 없다고."

고달파 박사는 장담했어요.

"그럼 그저께는 분명 있었다는 얘기죠? 어제부터 모른다는 거죠? 어제부터 누가 연구실에 왔었는지 생각해 봅시다. 택배라든지, 식사 배달, 방문객 등 차근차근 떠올려 보십시오."

동전 탐정은 지문을 밝혀내려고 황금 레이저를 쏘았어요.

청소 아주머니가 얼마나 깨끗하게 청소했는지 연구실 어디에도 지문은 나타나지 않았어요.

"나는 어제 종일 연구실에서 댄싱 로봇을 점검하고 있었다고!"

고달파 박사는 꼼짝하지 않았다고 했어요.

뜻밖의 방문객

"이런, 이런. 벌써 1시가 넘고 말았어. 우리 엄마가 얼마나 기다리실까? 로봇이랑 간식이 오기만을 기다리고 있을 텐데. 혹시 동전 탐정, 너도 불량 로봇이니? 왜 그렇게 못 찾는 거야?"

고달파 박사는 어린애처럼 징징댔어요. 여차하면 불량 로봇들을 버리는 고철 더미에 기어이를 버릴지도 몰라요.

발딱이는 몸을 부르르 떨었어요. 자기가 바로 그 고철 더미에서 살아났거든요. 그곳은 기억하고 싶지 않은 소름 끼치는 곳이에요.

'설마 냄새를 못 맡는다고 나를 또 버리는 건 아니겠지? 동전 탐정도 위험해. 얼른 범인을 찾아야 할 텐데. 범인의 흔적도 없고. 참 난감하군.'

발딱이는 동전 탐정이 어서 범인을 찾기를 바랐어요.

"외부에서 범인이 들어온 게 아니라면… 우리가 아는 누군가가 몰래 빼 간 게 아닐까요? 왜 저번에 백신 탐정이 찾아낸 범인도…."

"연구실에 무슨 일 있나요?"

그때 누군가 성큼성큼 연구실로 들어오며 물었어요.

"신부님, 여긴 어떻게 오셨어요?"

고달파 박사가 반겼어요.

"차 타고 왔죠. 문은 활짝 열려 있었고요."

"그, 그게 아니고. 무슨 일로?"

발딱이는 대문으로 달려가 봤어요. 정말 문이 열려 있었어요. 고달파 박사가 까먹는 게 아니고 잠금 장치가 시간이 지나면 스르르 풀리는 거였어요. 고장 나 있었던 거죠.

"박사님이 어제 이번 성탄절을 맞아 특별 기부금을 내셨다기에 감사드리러 온 거죠. 백만 원이 전 재산이라 들었는데 그걸 기부하시다니, 제가 어떻게 가만히 있겠어요?"

"뭐라고요?"

"뭐라고요? 박사님!"

동전 탐정과 발딱이가 동시에 고달파 박사를 향해 소리를 꽥 질렀어요.

"범인은 바로 박사님이네요."

"어떻게 어제 일을 까먹을 수 있어요? 나는 고철 더미에 버려지는 줄 알았잖아요."

발딱이는 참을 수 없다는 듯 고함을 질렀어요.

"나, 나는 연구에 몰두하느라…. 그리고 왼손이 하는 일을

오른손이 모르게 하라고…. 미, 미안해. 나도 나 자신까지 모르게 할 줄은 몰랐네."

고달파 박사는 쥐구멍에 들어갈 듯 작아졌어요.

"지금까지 백만 원의 행방을 찾았던 거예요? 제가 좀 더 빨리 올 걸 그랬군요. 이건 우리 교우들이 감사의 마음을 담아 짠 목도리입니다. 박사님 올겨울 따뜻하게 나시라고."

신부님은 포장한 선물을 내밀었어요. 파랗고 도톰한 목도리가 나왔어요.

"이건 저보다 우리 발딱이가 더 어울리겠어요."

고달파 박사가 목에 둘러보며 말했어요.

"박사님은 그렇게 말씀하실 줄 알았어요. 여기 두 개 더 있습

지요."

신부님이 선물 꾸러미를 두 개 더 내밀었어요.

"신부님, 감사합니다!"

고달파 박사와 발딱이, 동전 탐정이 머리 숙여 인사했어요.

"박사님께서 기부한 백만 원은 어린이들을 돕는 씨앗 재단에 기부되었습니다. 어려운 환경에 놓인 어린이들이 안전하게 살아갈 공간과 생활 환경을 개선하는 데 쓰겠습니다. 여기 기부금 영수증과 사용처가 담긴 증서입니다."

신부님이 서류를 내밀자, 동전 탐정과 발딱이는 손뼉을 쳤습니다.

"고달파 박사님은 건망증만 아니면 최고인데 말입니다. 어떡하죠? 간식비는 남겨 두고 기부하시지 않고. 하기야, 간식사 가야 하는 것도 그때는 깜박하셨겠지요!"

발딱이는 자기 코를 고달파 박사님 얼굴 가까이 바짝 갖다 대며 놀리듯 물었어요.

"발딱아. 그래서 말인데, 네가 좀 빌려줄 수 없겠니? 다음 달에 이자까지 해서 갚을게."

고달파 박사가 발딱이를 안아 올리며 사정했어요.

"박사님, 그럼 까먹지 않게 차용증을 써야겠군요."

발딱이는 아주 정확하고 냉정한 강아지처럼 말했어요. 고달파 박사가 종이를 내밀었어요.

"박사님, 농담이에요. 농담. 이번에는 제가 간식비를 기부하도록 하지요. 하하하하."

"역시 발딱이! 멋있어."

동전 탐정은 감동했나 봐요.

"이렇게 발딱이의 첫 기부가 실행되었음을 증명합니다."

신부님도 발딱이의 첫 기부를 축하한다며 손뼉을 쳤어요.

고달파 박사는 신부님 말이 끝나자마자 발딱이 얼굴에 뽀뽀를 퍼부었어요.

"이러지 말아요. 여차하면 고물 더미에 버릴 것 같은 표정으로 말씀하실 땐 언제고?"

발딱이가 뽀로통하게 토라진 척 말했어요.

"내가 언제, 그건 주름살이 많아져서 그렇게 보였겠지? 이 세상에 너 같은 강아지 로봇은 없다니까."

고달파 박사가 엄지손가락을 추켜세우며 말했어요.

"지금 이 말 녹음했습니다. 까먹지 않게 매일 아침 틀어 드릴게요."

발딱이가 녹음 버튼을 누르며 말했어요.

"저는 뭐 한 것도 없네요."

동전 탐정이 시무룩하게 바닥만 바라보며 말했어요.

"무슨 말씀이세요? 탐정님 덕분에 박사님과 제가 경제에 대해 다시 한번 생각해 보고 점검해 본걸요. 우리가 경제 활동을

하지 않고 살아갈 수가 없다는 걸 잘 알게 되었어요."

발딱이가 동전 탐정 손을 잡으며 말했어요.

"그렇고말고! 내가 동전 탐정을 발명한 건 내 돈 백만 원만 찾기 위해서가 아니야. 이 세상에는 돈과 관련해서 생기는 문제가 얼마나 많은데, 일부러 동전 탐정을 잘 구르게 발명한 건 나의 깊은 뜻이 있었단 말이지. 열심히 굴러다니며 사건을 해결해 주게. 여기는 해결됐으니 어서 가게. 어서."

고달파 박사의 말이 끝나기가 무섭게 동전 탐정은 손을 흔들며 굴렀어요.

"저도 가 볼게요. 박사님, 언제나 응원합니다. 기부 강아지 발딱이도 안녕!"

동전 탐정 기어이 뒤를 이어 신부님도 연구실을 나갔어요.

"우리도 어서 가자, 발딱아. 엄마가 아들 기다리다 망부석이 되었겠구나."

고달파 박사와 발딱이는 노인정으로 달려갔어요.

7시가 되면 울리는 전화

발딱이의 코가 원래대로 돌아오기까지 한 달이 넘게 걸렸어요. 고달파 박사도 원인을 찾아내기 쉽지 않았거든요. 발딱이는 어렵게 돌아온 코를 더 소중히 다루었어요. 오늘도 아침부터 코촉촉반짝크림 배송 알림 문자를 받고 택배를 기다리고 있어요.

"띠리리링."

드론이 연구소 문 앞에서 배송 완료 문자를 보내왔어요.

발딱이가 의자를 박차고 뛰어나갔지요.

문 앞에는 코촉촉반짝크림이 배송되었어요.

어젯밤에는 이번에 새로 나온 책을 주문했어요.

《로봇들이 꼭 알아야 할 경제 상식》이라는 책이에요. 경제를 알려면 마땅히 공부해야 하니까요. 건강해지기 위해 운동도 필수예요. 그래서 새벽마다 연구소 근처 산에 오르지요. 고달파 박사님이랑 같이 가는데 박사님은 어떻게 하면 운동 빠질까? 그 궁리만 한다니까요. 발딱이가 오랫동안 발명하려면 건강이 필수라고 귀가 닳도록 얘기해도 소용없어요. 자주 까먹는 것도 어쩌면 운동 부족 때문일걸요.

"따라라라라라라라랑."

"책이 왔나 보다! 금융 강아지 발딱이! 경제왕 강아지가 될 테야! 룰루!"

발딱이가 얼른 전화기를 잡았어요. 어? 그런데 모르는 번호에서 걸려 온 영상 통화네요.

"여보세요?"

발딱이가 통화 버튼을 눌렀어요.

"발딱이! 나야 나. 고달파 엄마."

영상 통화 화면 가득 고달파 박사의 엄마가 떴어요.

"엇? 어머니, 이 시간에 무슨 일이세요? 지금 저녁 먹을 시간 아닌가요?"

"벌써 저녁 다 먹고, 후식을 먹고 있지.

"자, 이거 보여? 발딱이가 어제 사 온 도넛은 이제까지 먹어 본 도넛 중에 최고로 맛있어. 이렇게 야금야금 아껴 먹고 있지."

발딱이는 매달 노인정에 간식을 사서 가고 있어요. 이번에는 도넛을 사 갔지요.

노인정에 갔을 때 감사 인사 넘치게 받았는데 또 전화까지 주시다니, 발딱이는 왠지 쑥스러워서 얼굴이 붉어졌어요.

다음 날 7시.

또 영상 통화예요.

"이거 보이지? 발딱이가 사 온 두부 편육 먹고 팔 근육이 이렇게 딴딴해졌어."

은찬 할아버지가 소매를 걷어붙이며 자랑했어요.

"우와. 정말 딴딴해 보이네요. 다음 달에 갈 때 저랑 팔씨름

한판 해요!"

발딱이가 다음에 가면 팔씨름하자고 예약했어요.

"따라라라라라라라랑."

7시. 또 누구일까요?

"발딱아, 나는 오늘 용서했어."

이유리 할머니였어요.

"누구를요? 할머니한테 누가 무슨 잘못을 했는데요?"

발딱이는 그 사람이 누군지 혼내 줄 요량으로 발끈하며 물었어요.

"어제 옆 할머니가 좋다는 주식을 샀는데, 주식이 팍 곤두박질쳤어. 요렇게."

할머니는 손가락을 아래로 꽂으며 말했어요.

"저런, 정말 속상하셨겠어요."

발딱이가 위로했어요.

"내 잘못이기도 하니까 용서했어."

"그러셨군요."

"누구의 말을 듣고 바로 투자하는 게 아니라는 걸 이번에 똑똑히 알았어. 내가 하는 투자는 내 책임이란 걸 배웠고말고."

할머니가 살포시 웃었어요.

"잘하셨어요. 마음의 평화가 최고지요."

할머니와 경제에 대해 많은 얘기를 나눴어요.

돈에 관한 얘기를 나누다 보면 저절로 배우는 게 있거든요.

돈이 얼마나 있으면 부자라고 하는지 모르겠어요. 하지만 발딱이는 부자가 된 기분이 어떤 건지 알 것 같아요. 물론 노인정

에 간식을 보낼 돈이 있다는 게 감사하고 말고요.

"따라라라라라라라랑."

7시. 이번엔 누구일까요?

"발딱아, 내 방으로 좀 건너와 다오."

고달파 박사의 호출이었어요.

"왜요? 박사님. 또 뭘 잃어버렸어요?"

발딱이는 고달파 박사님 연구실 문을 열며 물었어요.

고달파 박사가 파일 하나를 정면 스크린에 띄워 열었어요.

"아니다. 잊지 않기 위해 이걸 만들었단다. 어떠냐?"

박사님이 내민 파일에는 지난 몇 달간 들어온 돈의 내역과 나간 돈의 내역을 표시한 수입과 지출 항목이 있고 적금액과 주식과 펀드, 가상화폐 등에 일정 금액씩 투자한 내역과 기부할 곳과 기부금 등 앞으로의 계획까지 꼼꼼히 기록되어 있었어요.

"박사님, 아주 똑똑한 금융 발명가인걸요. 120세까지 든든합니다."

발딱이는 고달파 박사 앞에 엄지를 쭈욱 늘여 칭찬했어요.

고달파 박사도 칭찬을 받으니 으쓱했어요. 발딱이를 정말 잘 발명했다는 생각이 들었거든요.

"띠리리리링."

발딱이의 전화벨이 울렸어요.

"발딱아 안녕!"

동전 탐정이었어요.

"탐정님! 아프리카에 도착하셨군요."

"그럼, 굴러서 굴러서 잘 왔지. 네가 준 기부금은 오늘 이곳 병원에 기부되었어. 발딱이 네 덕분에 다시 생명을 얻은 아우리어만을 만나 보렴."

화면에서 아우리어만이 웃고 있어요.

발딱이는 활짝 웃고 있는 아우리어만을 보자 말을 잇지 못했어요. 가슴이 뻐근하고 목구멍이 가득 차올랐어요. 동전 탐정 덕분이에요. 아니 발딱이가 살려 낸 거예요.

"안녕!"

발딱이는 손을 흔들며 인사했어요. 아우리어만도 침대에 누워 손을 흔들었어요.

전화기를 동전 탐정에게 비췄어요.

"잘 있어 발딱아. 돈은 한곳에 머물면 돌덩이에 불과하지만 좋은 곳에 쓰이면 귀하디 귀한 보석이란 걸 기억하렴."

동전 탐정이 손을 흔들며 말했어요.

"역시, 탐정님은 말씀도 잘하셔요!"

발딱이가 엄지척을 보냈어요. 기어이 탐정은 동전답게 한곳에만 머무르지 않고 세계 곳곳을 누비고 있어요. 돈이 필요한 곳 어디나 다니며 기어이 훌륭한 일을 해내고 있어요.

"박사님, 지금은 뭘 발명하고 계신가요?"

박사님께도 인사해야죠.

"공짜로 그걸 알려 줄 수 없지!"

고달파 박사가 진지하게 대답했어요.

"뭐라고요? 박사님 짠돌이 다 되었네요. 얼마면 가르쳐 주시는데요? 설마 오백 원?"

동전 탐정은 깔깔깔 웃었어요.

"아직은 비밀. 다음 만날 때 기대해. 모두가 깜짝 놀랄 만한 것을 발명하고 있으니까."

고달파 박사와 발딱이는 동전 탐정을 만날 날이 기다려져요.

"안녕!"

"안녕!"

은행이 하는 일을 알아볼까?

- **예금**: 은행 등의 금융 기관에 돈을 맡기는 일을 말해.
- **이자**: 은행에서는 사람들의 돈을 맡고, 일정한 금액의 이자를 주지.
  은행은 이렇게 모인 돈을 다른 사람이나 기업에 빌려주고, 빌려준 대가로 '이자'라는 돈을 받아. 그 돈을 다시 예금한 사람들에게 '이자'로 나누어 주지.

예금에도 여러 종류가 있어!

- **보통예금**: 돈을 넣거나 뺄 수 있는 예금이야.
- **정기적금**: 일정 기간, 일정한 금액으로 금융 기관에 적립하는 예금이야. 돈을 빼지 않고, 일정한 금액을 넣으니까 목돈을 모을 수 있겠지? 적금은 보통예금보다 이자가 더 많아. 모은 돈으로 필요한 곳에 쓸 수 있지.
- **정기예금**: 일정 금액을 일정 기간 금융 기관에 맡긴 후 정한 기간 안에는 찾지 않겠다고 맡기는 예금이야. '1년 동안 돈을 찾지 않고, 100만 원을 넣어 두겠습니다.' 이렇게 약속하는 거지. 그래서 보통예금과 정기적금보다 이자율이 높아. 목돈이 있다면 돈을 맡길 수 있지.

꼭 알아야 할 용어도 살펴볼까?

- **신용**: 은행에서 돈을 빌려줄 때 '믿을 수 있는지 없는지'를 따지는 거야. 즉 이 사람이나 기업에 돈을 빌려줬을 때 다시 받을 수 있는지를 알아보는 거지. 신용이 좋지 않으면 은행에서 돈을 빌리거나 카드를 만들기 어려워. 신용은 이전에 빌린 돈을 제대로 갚지 않았거나 휴대폰 요금 등 내야 하는 돈을 내지 않았을 때 깎이게 되지.
- **신용카드**: 신용카드는 돈을 먼저 쓰고, 그 금액을 일정 기간 뒤에 낼 수 있도록 한 카드야. 카드로 결제를 하고, 한 달 뒤에 돈이 자기 계좌에서 빠져나가는 거지. 그러니까 자기가 갚을 수 있을 만큼 카드를 쓰는 게 중요해.

 **내 돈은 어디에 두면 좋을까?**

1. 저금통에 넣어 볼까?

갑자기 아프거나 사고, 태풍, 화재 등 미래에 어떤 일이 일어날지 모르기 때문에 돈을 모아 두어야 하지. 저금통에 돈을 모으는 것도 좋은 방법이야. 하지만 저금통은 가득 차면 더는 돈을 넣을 수 없고, 도둑이 들면 잃어버릴 수도 있지. 또 은행에 돈을 넣으면 '이자'라는 돈이 붙지만, 저금통에 넣은 돈은 늘 그대로야. 만약 좀 더 많은 돈을 모으고 싶다면 저금통보다 은행을 이용하는 게 더 현명하지!

2. 너는 주주니? 주식 계좌가 있어?

나는 때때로 '치즈스틱'이라는 회사의 주식 그래프를 봐. 주식이 오르고 내리는 걸 확인하지. 나는 '치즈스틱' 회사의 '주주'거든. 회사를 세우고 경영하기 위해선 돈이 필요해. 한 사람이 회사의 모든 돈을 투자하고 경영하면서 모든 책임을 지면 개인 회사라고 해. 하지만 규모가 큰 회사들은 더 많은 사람이 모은 큰돈이 필요하지. 그럴 때 회사는 '주식'이라는 걸 팔아. 이렇게 회사가 주식을 팔아서 돈을 모아 만들어진 회사를 '주식회사'라고 해.

나는 몇 년 전에 '치즈스틱' 회사 주식 100주를 샀어. '치즈스틱' 주식은 한 주에 2천 원이었지. 그런데 집마다 반려견이 늘어나면서 개껌을 사는 사람들이 늘어났어. 장사가 잘됐고, '치즈스틱' 주식은 한 주에 2만 원이 되었어. 20만 원을 투자했는데 200만 원이 된 거니까 10배의 수익이 생긴 거지. 야호!

 투자에 실패할 때도 있어. 한 회사의 주식 20만 원어치를 샀는데 한순간에 2만 원이 되기도 해. 손해를 보는 거지. 회사 운영이 잘 안 되거나, 전쟁이 나서 경제 상황이 안 좋을 수도 있지.

그러니까 주식에 투자할 때는 아주 신중해야 해. 투자하려는 회사가 미래 발전 가능성이 있는지, 회사 경영자들이 정직하고 능력이 있는 사람들인지, 우리 실생활에 필요한 회사인지 꼼꼼히 알아봐야 해.

> **배당은 뭘까?**
> 회사가 돈을 벌면 투자한 주주들에게 투자 비율 만큼 돈을 나눠 주기도 해. 그게 배당이야. 주식을 사 준 사람들 덕분에 기계나 기술을 사서 더 좋은 제품을 만들어 팔아 이익이 생겼다면서 주주들과 이익을 나누는 거지.

 **내 돈은 어디에 두면 좋을까?**

3. 부동산은 뭐지?

움직여 옮길 수 없는 재산. 토지나 건물, 수목 따위를 부동산이라고 해.

땅을 사거나 집을 사는 것도 부동산 투자라고 하지. 건물을 사서 빌려주고, 집을 빌려준 사람에게 임대료를 받으며 돈을 벌 수도 있어. 만약 집을 샀는데 집값이 오르면 그만큼 재산이 불어나는 거야. 하지만 반대로 집값이 내려가기도 해. 그래서 '투자'를 할 때는 잘 알아보고 해야 하지.

 부동산을 사려면 큰돈이 필요해. 큰돈이 없는 경우에는 은행에서 돈을 빌리기도 하는데, 은행의 이자율이 높아지면 갚아야 할 돈이 훨씬 늘게 되지.

4. 보이지 않는 돈, 가상화폐

'가상화폐'에 대해 들어봤어? 가상화폐는 동전이나 지폐 같은 형태가 아니야. 실물이 없기 때문에 온라인상에서만 거래할 수 있어.

비트코인은 은행이나 신용카드 회사와 같은 제3자가 아닌 구매자와 판매가가 직접 결제하는 방식이기 때문에 거래 비용이 거의 발생하지 않아. 그래서 해외 송금이나 소액 결제와 같은 거래에 매우 유용하게 사용될 수 있지. 가상화폐는 중앙은행이 발행한 화폐의 대안으로도 주목받고 있지만, 아직은 화폐로서 완전한 신뢰를 얻지 못해서 불안정해. 가격 변동이 심하다는 단점도 있지.

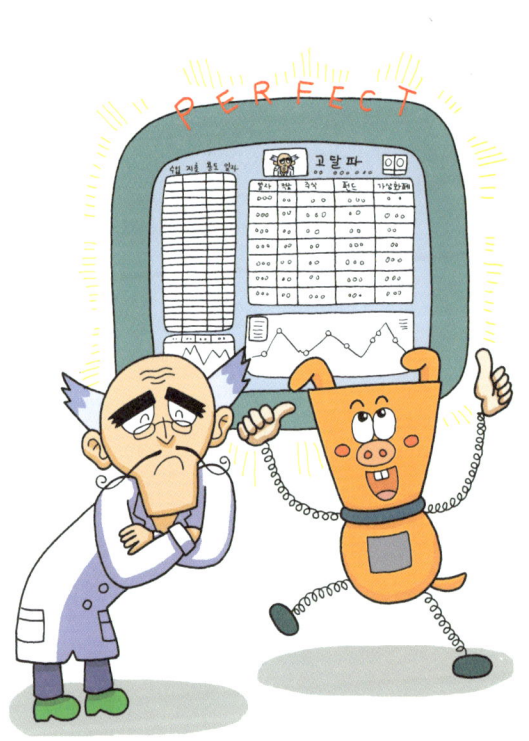